TO THE ASHES

La tristesse durera toujours —

Vincent van Gogh

TO THE ASHES

POEMS BY

Anzhelina Polonskaya

TRANSLATED FROM
THE RUSSIAN BY

Andrew Wachtel

Zephyr Press | Brookline, Mass.

Cover image taken from the interactive installation
Interplay 2.0 by Lam Miu Ling
Book design by typeslowly
Printed in Michigan by Cushing Malloy, Inc.

Some of the poems in this collection have appeared previously
in the following literary journals: *Agni, The American Poetry Review,
Boulevard Magazine, Epiphany, Iowa Review, The Kenyon Review,
The Massachusetts Review, New England Review, Ploughshares, Poetry Daily,
Prairie Schooner,* and *World Literature Today.*

Zephyr Press acknowledges with gratitude the continuing financial support of
The National Endowment for the Arts and the Massachusetts Cultural Council.

Zephyr Press, a non-profit arts and education 501(c)(3) organization,
publishes literary titles that foster a deeper understanding of cultures
and languages. Zephyr books are distributed to the trade in the U.S.
and Canada by Consortium Book Sales and Distribution [www.cbsd.com].

Cataloguing-in publication data is available from the Library of Congress.

ZEPHYR PRESS
www.zephyrpress.org

TABLE OF CONTENTS

xi *Translator's Introduction* | Andrew Wachtel

2 К пеплу
To the Ashes

4 Чернее белого
Blacker Than White

6 Письма к Сафо
Letters to Sappho

8 Пока жива мать
While My Mother's Still Alive

10 Памяти отца
My Father: In Memoriam

12 Но как-то в декабре
But Once in December

14 Будто ты повела меня в храм
It's as if You Led Me into a Church

16 О ночь, ты
Oh, Night

18 В этой каменной вечности
In This Stony Eternity

20 Гравюра
Engraving

22 Старость
Old Age

24 «Не пускайте в дом вдов . . .»
"Don't let widows into the house . . ."

26 Камень
Stone

28 «Стою лицом к стене, как приказал . . .»
"As the convoy commanded, I stand . . ."

30 Беркуты Межигорья
The Berkut of Mezhigorie

32 Лилейник
Lilies

34 Человек, которого больше нет
A Person Who's No Longer Here

36 Эта осень
It's Autumn

38 Черёмуха
Chokecherry

40 Если бы мы были цыгане
If We Were Gypsies

42 Мой корабль
My Ship

44 Апокрифическое
Apocryphal

46 Средь хаоса вещей
Amidst the Chaos of Things

48 Сад шрамов и шипов
The Garden of Scars and Thorns

50 «Возможно, время и меня смирило (смерило) . . .»
"Perhaps time has finally mellowed (measured) me . . ."

52 Тайга
Taiga

54 Копает небо армия солдат
An Army of Soldiers Is Digging Out Heaven

56 Уроки немецкого
German Lessons

58 Поезд на Альпы
A Train to the Alps

62 Сирень догорела
The Lilac's Burned Up

64 Страницы зимы
Pages of Winter

66 Сегодня
Today

68 Бывают дни
Some Days

70 Голосом Каллас
In the Voice of Callas

74 Дом Доры Маар
The House of Dora Maar

76 Поэзия
Poetry

78 Отрывок
Excerpt

80 Дождь
Rain

82 Поезда
Trains

84 Иди
Go

86 «Это последний край . . .»
    "It's the end of the earth . . ."

88 Где нет земли
    Where There's No Land

90 Война в тебе и во мне
    War in You and in Me

94 Иногда
    Sometimes

96 Элегия цветущих слив
    Elegy for Blooming Plum Trees

100 Цветок отчаяния
    Flower of Despair

104 Кое-что о Ван Гоге
    A Few Words about Van Gogh

106 Соловьи ночные
    Evening Nightingales

108 Зеркало
    The Mirror

110 «Если бы ты меня услышал . . .»
    "If you'd only listened to me . . ."

112 Песнь шумера
    A Sumerian's Song

114 «Оставь сердце биться, словно мошку в осенней лампе . . .»
    "Let your heart beat like a gnat in an autumn lamp . . ."

116 В незнакомой стране
    In an Unknown Country

120 Гончая
    The Hound

122   Не жди. Я не вернусь
       Don't Wait. I Won't Be Back

124   Как корабль
       Like a Ship

126   Я видела тебя
       I Saw You

128   Мы поедем с тобою в Марокко
       Let's Go to Morocco

130   Деревья
       Trees

134   Пасхальное
       Easter

136   Звезда
       The Star

138   Пустые комнаты. Изломанный букет
       Empty Rooms. A Broken Bouquet

140   Маку прощальному
       To a Parting Poppy

142   Домой
       Heading Home

Translator's Introduction

I have been translating Anzhelina Polonskaya's poetry since 1999 and have watched it evolve from what could be called miniature poetic narratives in her collection *A Voice* (Northwestern University Press, 2004), to the frequently ekphrastic lyrics of *Paul Klee's Boat* (Zephyr Press, 2014), to her most recent work *To the Ashes.*

To be sure, as in the case of any first-class poet, there are some threads which run through her oeuvre as a whole — stylistically I would point to her imaginative use of ellipsis, and her general avoidance of rhyme and meter (although rhymed and metered poetry remains the norm in contemporary Russian verse) as well as other obvious "poetic" tropes (other than metaphor, which she uses brilliantly); thematically, I would note the frequent elegiac, if not downright apocalyptic notes in her work.

It is difficult to place Polonskaya in the Russian literary world for a number of reasons. Most important, unlike the vast majority of Russian poets, Polonskaya did not receive a traditional literary education. Instead, she is an autodidact, who has learned not merely from the Russian classics, but also from the Anglo-American and Spanish traditions (she knows both English and Spanish quite well). As a result, more so than most Russian poets, who often seem to be writing to place themselves in the tradition rather than in order to speak their innermost thoughts to readers, Polonskaya comes across as unmannered and emotional. Her emotions, however, are not those of a stereotypical romantic female poet, but much deeper and more troubling.

In recent years, as Russian society has become more militarized, Polonskaya's poetry has taken on what seems to be a coded anti-war stance. In *Paul Klee's Boat*, this could be found in the cycle "Kursk," which is devoted in a distant but recognizable way to the tragic sinking of a Russian submarine in the Barents Sea in August, 2000. In this collection, we can feel something of the same emotion in the poem that begins "An army of soldiers is digging out heaven." The first line is typically paradoxical: rather than digging down, the soldiers are digging up, perhaps hoping for the reward that has been promised to fallen warriors since at least the time of the Valkyries. This potential reward is vitiated by their pitiful condition in the here and now — cold, hungry and hopeless. The ending of the piece switches suddenly, as it frequently does in Polonskaya's work, from the futile male heroic principle to the point of view of the women (or woman) left behind, with nothing to hold onto but the silent sky.

What is difficult for the translator (and this is always a problem in Polonskaya's poetry) is to capture the elliptical sparseness of her diction. If you are not careful, the English version will simply be flat and prosaic, because English wants more words and has trouble with too much ellipsis. The poem also contains a narrative element, which has to be balanced by the lyric moments, and that balance is also not simple to achieve. In the end, translating Polonskaya's poetry is a bit like translating Chekhov. At first glance it seems like it should not be too hard, but then it turns out to be so tricky to work with the terseness of the material that you sometimes wish there were more conventionally "difficult" problems to solve.

In the end, Polonskaya's poetry is not at all about showing off what the poet or the translator can do, but rather finding a kernel of the eternal in the everyday. Perhaps this is best summed up by the final quatrain of "It's the end of the earth."

Now you're standing in the garden
carrying a white pail.
White — the color of silence.
The ages follow in its wake.

Andrew Wachtel
American University of Central Asia
Bishkek, Kyrgyzstan

TO THE ASHES

К пеплу

Мы в ночь. Мы абрисы из пепла
верхом на призрачных конях.
Гнедые никуда, ни с места,
а только плачут и горят.

Хлестать коней и видеть шрамы,
и черпать от пустого дна.
Там за спиной — одни утраты.
Плыть, но куда? — кругом зола.

И наши мёртвые повсюду —
в деревьях, в праздниках, в цветах.
От смерти не даёт очнуться
им тот же пепел на устах.

А хлынет свет, постой: как трудно,
когда уходит ночь из глаз.
И вместо сердца гаснет уголь,
и рассыпается тот час.

To the Ashes

We're heading into the night. We're shadows of ash
on transparent stallions.
The piebalds won't budge.
They just wail and burn.

Whip the horses and see the scars,
scoop water from an empty pail.
Behind us, nothing but loss.
Sail off, but where to? — nothing around but soot.

Our dead are everywhere —
in the trees, blossoms and fetes.
That same ash in their mouths
won't let them wake from death.

The light floods in, but wait: it's hard
when night falls from your eyes.
When coals in place of hearts
die out and quickly turn to dust.

Чернее белого

Неужели всё это зря,
и траур снега встречает тебя снова и снова —
нет цвета чернее белого.

Ты ставишь свои чемоданы,
ты видишь в крови собаку
и думаешь «я дома».

Только мама стоит в дверях и целует
в волосы, в тонкую кромку лба,
промахиваясь и скользя, —
маленькая, словно девочка.

А снег всё сыплет, будто не замечая вас,
но кто-то смотрит в оконные щели,
кто-то смотрит в оконные щели,
пристально и безмолвно.

И с каждым таким возвращением
«неужели всё было напрасно», —
уже не горит — еле теплится.

Траур свежего снега.
Как он к лицу стране,
в которую ты сошла по трапу.

Blacker Than White

Could it really all be in vain,
and the snow's crape will meet you again and again —
no color's blacker than white.

You set down your bags,
you see the dog covered in blood,
and you think, "I'm home."

Your mother stands in the doorway, kissing
your tresses, at the thin line of your forehead,
missing the spot and slipping —
tiny, like a little girl.

And the snow drifts down, as if not noticing you,
but someone is looking through the shutters,
someone is looking through the shutters,
silently staring.

 And at each return
"was it really all for naught," —
gets less painful — it barely burns.

The crape of fresh snow.
How fitting for a land
you entered off the gangplank.

Письма к Сафо

Письма пишу. К тебе. О которой говорили полночи.
Годы уходят.
Нервы продеты в иглу.
И никого не вернуть.

Можешь кричать сколько хочешь.
Лампу смахнуть.
К полому дереву можешь прижаться спиною
и переждать.
Неба и воздуха столько!
Нечем дышать.

Внутренний дождь всё промочил —
ноги прилипли к подолу,

голые ноги, с тонкими струйками жил.

Letters to Sappho

I'm writing letters. To you. We spoke about them half the night.
Years pass.
Nerves are shot.
No one can be brought back.

You can scream as much as you want.
Cover the lamp.
You can lean up against a tree trunk
and wait things out.
How much sky and air out there!
But nothing to breathe.

Your inner rain's soaked everything —
your legs have stuck to your skirt hem.

bare legs, with thin streams of tendons.

Пока жива мать

Пока жива мать, всё ещё как-то держится.
Редкое солнце освещает стены,
и тогда свет падает на корешки книг.
Преступники, навечно пришедшие во власть,
не столь убийственны, и человек,
с кем бок о бок, на сорванной резьбе,
пытаешься делить кровать.
Цветут календулы.
Две слёзных борозды сухи.
Но главное, вот эта связь, и не любовь,
но что-то гораздо большее и низменное,
готовое взорваться и взорвать.

While My Mother's Still Alive

While my mother's still alive, things somehow hold together.
Patchy sunlight illuminates the walls,
and light falls on the spines of books.
The criminals who have come to power forever
are not so murderous, and you live with someone
side by side, on the stripped threads,
trying somehow to share a bed.
The asters are in flower.
Two teary furrows of dryness.
But the main thing, that connection, is not love,
it's bigger and stickier, addictive as morphine,
ready to explode and destroy you.

Памяти отца

Дождь сквозной —
сквозь меня,
струи, словно парфянские стрелы.
Жизнь, отец, на конце острия,
но тебе что за дело?

Ты лежишь тридцать лет,
не старея.
Я желаю умереть тебе
в уличной драке,
или к небу лицом,
на расплавленном солнцем асфальте,
но свободным,
(как хотел),
позабывшем о доме,
не имея потомства
в чёрно-угольном платье,

в чёрно-угольном платье на голое тело,
чтобы не за что было
нам с тобой расквитаться.

My Father: In Memoriam

A driving rain —
drives through me,
its streams like Parthian spears.
Father, life is like a spear point,
but do you care?

For thirty years you've been lying,
not aging at all.
I want you to die
in a street fight,
or with your face turned to the sky
on the burning asphalt,
but free
(as you wished),
having forgotten your home,
without an heir
in a coal-black dress,

in a coal-black dress over her naked body,
our debts to each other
all paid up.

Но как-то в декабре

Пиши главу, где твой отец был храбрецом
и умер, оставив матери записку:
«я умер» —
больше ничего.
Но как-то в декабре, под новый год,
с обрывками цветного серпантина,
за деревянный рубль, у мужика,
мы с ним дворнягу из дворняг купили.
Она отца потом пережила,
познав лишения и стук железной миски.
Я, в сущности, ребёнком не была,
но вспоминаю детские картинки.

But Once in December

Write a chapter in which dad was a hero
who perished, leaving mom a note:
"I perished" —
just that.
But once in December, around New Year's,
amidst scraps of bright-colored streamers
we bought the muttiest of mutts
for a song from a local peasant.
In the end she outlived dad,
came to know loss and the clang of a metal bowl.
I wasn't really a child then,
but childhood memories keep coming back.

Будто ты повела меня в храм

Будто ты повела меня в храм,
как водят полоумных или детей — целовать
зацелованного Христа.
Где просвира, а где алтарь — мне одно.

Будто храм, собранный из костей,
почерневших от времени — кость к кости,
ящеров или рыб и шипы хрящей
рвутся ввысь, равновесие обрести.

Мы вошли в него посидеть на пустой скамье,
было холодно и темно.
Всё написано или почти что — всё.
Верь или не верь свечам.

Знала я, к сорока годам все покинут меня,
загустеет кровь. До последнего дня
будешь ты со мной, ты одна —
храм ли это или слепой огонь.

It's as if You Led Me into a Church

It's as if you led me into a church,
the way they lead in the insane or children — to kiss
the much-kissed Christ.
Where is the altar or where are the wafers — I don't care.

The church seems made of bones,
blackened with time — bone on bone,
of lizards or fish, and the cartilaginous thorns
thrust upward, trying to balance themselves.

We entered to sit in an empty pew,
it was cold and dark.
Everything's already written, or almost everything.
Whether or not you believe the candles.

I knew that by forty I'd be abandoned by all,
my blood would thicken. But you'll be with me
until the final day, you alone —
a church or a dull fire.

О ночь, ты

О ночь, ты — бедность.
Заплата на заплате.
Юродивый в толпе.
Огонь, пожравший ягель.
Апостол Пётр,
отринув с петухами,
чета тебе.
Казалось, сердце
не выдержит ударов,
как раб погонщика,
что книга судеб —
история предательств,
и глухота передаётся
с рукопожатьем,
из лона в лоно.
Твой бог бездетный,
не посылавший
сына на распятие,
не слышит звона.

Oh, Night

Oh, night, you are dearth.
A patch over patches.
A holy fool in a crowd.
A fire devouring the sacrificial lamb.
Saint Peter
denying with the cocks
is your brother.
It would seem the heart
can't take such blows
like a slave-driver's chattel,
that the book of fate —
a history of betrayal
and deafness is passed on
with a handshake
from body to body.
Your god is childless,
doesn't hear the bells,
having failed to send
his son to his death.

В этой каменной вечности

В этой каменной вечности
ты держишь меня за ручного зверя
в потаённой комнате,
то натягивая, то ослабляя цепи.
И сердце моё слепое
бьётся, словно мошка в стеклянных джунглях,
от слова ли, от забвения.
Не находя исхода.
Приглядись, во мне ничего смешного,
чтобы развлечь театр неизбавимой пошлости,
кроме печали, знания, как ты несчастен.
Кроме бренчания цепи.

In This Stony Eternity

In this stony eternity
you keep me like a tame beast
in a secret room,
tightening, then loosening my chain.
And my blind heart beats,
from words, or perhaps from what it has forgotten,
like a moth in a glass jungle,
unable to find a way out.
Look carefully, there's nothing funny in me,
nothing to entertain the theater of hopeless vulgarity,
other than my grief and the knowledge of your sorrow.
Other than the clank of my chain.

Гравюра

Вода, бегущая по камню,
тяжёлая, как ртуть.
Остановись. Дай отдохнуть от шума твоего.
Кусту далёкий ветер с лесопилен дай,
лисицы лай
взведённому курку.
Лежащему с набитым ртом травой
пошли иллюзию, что он всегда живой.
Повесь гравюру медную в углу —
часы песочные у нас над головой.

Engraving

Water, heavy as mercury
running over the stones.
Stop. Give me a break from your sound.
Let the bush have a sawmill's far-off breeze,
give the gun's hair trigger
a fox's bark.
Give the person lying prone with a mouth full of grass
the illusion he'll live forever.
Hang the copperplate engraving in the corner —
over our heads, the hourglass.

Старость

Сегодня так явственно во сне мне показалось,
что молодость прошла и даже зрелость.
Осталась — старость.

Нет, не была она кругла, как поле —
ни деревца, ни сломанной соломины,
лишь белизна налево и направо.

Не шаркала, сестёр к больничной койке
ударом палки в пол не призывала
и с тенью не заигрывалась в прятки.

Кувшин, похлёбка, перст, чума, топор —
она была кошмар средневековья
и словно рубище последнее болталась.

Её тянули двое в красных шапках,
те двое, ухвативши за бока,
в последний путь ли, в ереси костёр.

Old Age

Today in my dreams I saw clearly
that youth has passed and even maturity.
Old age alone remains.

No, it wasn't round, like a field
nor like a tree nor a broken stalk of straw,
just whiteness to the right and left.

It didn't shuffle its feet, calling nuns
to the hospital bed with the tap of its staff,
and it didn't play hide and seek with the shadows.

Pitcher, broth, finger, plague, axe —
a nightmare from the middle ages,
its last tatters flapping.

Grasping its sides, a pair in red hats dragged it along,
those two pushing it, perhaps,
on its final path, to the heretic's pyre.

* * *

Не пускайте в дом вдов.
Не давайте воды напиться.
Не стелите в прохладе горниц.
Не ходите на панихиды.

Знают вдовы одно пристрастье —
сесть в углу в молчаливом жесте
тоньше спицы, острее мести.
Обхватив на запястье жилы.

Ваша кошка в лесах исчезнет.
Ваша муза уйдёт к другому.
Вашим детям не будет сниться
ничего кроме чёрной шторы.

Ни слезы, ни дурного вскрика.
Кожа бледно обтянет скулы.
И не скажешь ей «слишком поздно»,
и не скажешь «луны не видно».

День окончен, наступит вечер.
И она, не найдя ни слова,
вдруг пойдёт по трамвайным рельсам,
никуда не шагнув из дома.

* * *

Don't let widows into the house.
Don't let them drink their fill.
Don't make the beds in the upstairs rooms.
Don't go to requiems.

Widows have a single passion —
to sit silently in a corner
thinner than needles, sharper than vengeance.
Squeezing veins on their wrists.

Your cat's run off into the wood.
Your muse has betrayed you.
Your children will dream of nothing
but black shades.

Neither tears nor a nasty cry.
Pale skin stretched over cheekbones.
And you can't tell her "it's too late"
and you can't tell her "the moon's veiled."

Day is done and evening's come.
And, failing to find the right word,
she'll suddenly head off down the tram tracks,
having never left home.

Камень

Лицо моё
всё в морщинах —
глубокие и долгие
текут они по щекам.
Нет места, куда бы ему упасть,
словно камню.

Родина,
что бесчувствие твоё
тому, кто не верит крови,
что равнина,
молчащая через край?

Птица здесь свою обретёт погибель,
человек, человека
уставший ждать.

Только камень,
брошен поверх,
не сгинет.

Лишь за то
положи лицо моё ладонь,
и пусть чайки
лают всю ночь над ними.

Stone

My face
is covered in wrinkles —
deep and long
they run down my cheeks.
There's nowhere for it to drop,
like a stone.

Oh, fatherland,
why your indifference
to those who don't believe in blood,
your plains
silent as the tomb?

Birds find their death here,
people find people
tired of waiting.

Only a stone
thrown to the surface
survives.

If only for that
lay my face on your palm
and let the gulls
bark over them all night long.

* * *

Стою лицом к стене, как приказал
конвой,
с неместным шиком, пальто светлее ночи
июньской на Неве,
и сволочь в камуфляже ладонью водит
по ногам и прочее.
Ты их любил,
но разве это важно?
Любовь проходит,
самоубийство остаётся в голове.
Настал момент, ты сдал меня Москве.
А здесь не джаз, не Моцарт, не Бетховен,
но треск кружев, так позабудь, не вой.
Антихрист новый закольцовывает дроги,
чтобы по кругу люмпены и флаги,
и белую рубаху дарит мне,
что и к стихам подходит, и на плаху.

* * *

As the convoy commanded, I stand
facing the wall,
out of place in my chic raincoat,
brighter than the midnight sky over the Neva,
as some bastard in fatigues runs his palms
over my legs and all around.
You loved them once,
but does that really matter?
Love passes,
suicide remains.
When the time came, you turned me over to Moscow.
But there's no jazz here, nor Beethoven nor Mozart.
Only the snap of lace, so forget all about it, don't howl.
The new antichrist is linking up the hearses,
connecting the lumpen proles to the flag.
And he's giving me a white shirt,
which looks good while writing poems and on the gallows.

Беркуты Межигорья

Тяжёлых птиц распятые крыла
я вижу здесь:
и слева столб, и справа столб,
и в центре крест,
высокие как шпили дерева.

Сколь много кануло веков
с тех пор,
как человекова рука вбивает гвоздь
врагам —
на самом деле всё в Твои ступни,
какой бы облик Ты ни принимал.

И птицы — мёртвые огни
то явственнее, то тусклей
издалека,
как морякам, безумию нашему сигнал,

но мы не видим их,
несёт на скалы наши корабли.

The Berkut of Mezhigorie

Here I see
the wings of crucified birds:
a post to the right, a post to the left,
a cross in the center,
all as tall as trees.

How many ages have passed
since the time
a man's hand hammered nails
into enemies —
in reality always into your feet
no matter what form you've taken.

And the birds are dead flames,
bursting up, dying down,
seen from a distance
a signal of our insanity, a lighthouse to sailors,

but we don't see them,
and our ships are swept toward the cliffs.

Mezhigorie — a site in Ukraine

Лилейник

Я не заметила, как отцвёл лилейник.
Торчат рогатины — сухие стебли.

Как выцвели синие шторы,
и птицы в порыве ударились в стекла,

что с нами со всеми?

Ты рано проснёшься и станешь кричать моё имя,
но имя моё молчаливо,
о камни не бьётся.

И мне не понять тишины, не взвалить тишины
мне на плечи.

Lilies

I didn't notice how the day lilies wilted.
Their stems stick up — dried out stalks.

How the blue shutters faded,
and the furious birds banged into the glass.

What has happened to us all?

You'll wake up early and call out my name,
but my name doesn't talk,
it doesn't bang against the rocks.

And I don't understand silence, don't drape my shoulders
in silence.

Человек, которого больше нет

Человек, которого больше нет.
Словно после взрыва нейтронной бомбы,
ощупываешь себя —
                    на месте память о нём.
Шум электрички за выцветшей шторой,
лай суки соседской от марта до февраля,
есть человеконенавистничество эпохи,
отдельно взятого из ничтожеств,
ложка, тарелка твоя, струя воды из-под крана,
мыла кусок,
что не так уж и маловажно,
признаться, есть даже воздух,
чтобы не задохнуться, дыша.

А человека нет. Одежды пусты его.
Остались инициалы, в них можно втиснуть
кого угодно,
но пустоту обмануть нельзя.

A Person Who's No Longer Here

A person who's no longer here.
Like after a neutron bomb explodes,
You touch yourself —
     where the memory of him is.
The noise of a train outside the faded curtain,
the barking of the neighbor's dog from March to February,
are the sounds of our humanity-hating age,
and of one nonentity put in charge:
a spoon, your plate, a stream of water from the faucet,
a piece of soap,
by no means unimportant
you have to admit, there's even the air
you breathe so as not to suffocate.

But the person's not here. His dressing gown's empty.
Only his initials remain, you can stick anyone you like
into them
but you can't trick the emptiness.

Эта осень

памяти П.Е.

«Эта осень», —
                                    пишу и не в рифму,
по сердцу царапает лодка, но без парусов —
сколько выдюжит,
все карты проиграны и самодельные камни-фонтаны,
деяния рук материнских,
чтобы в крохотном мире нам было за что держаться.
Жуки треугольные, словно пожарники, вспыхивают
по дороге домой,
а был ли когда-нибудь дом или дом нам казенный один,
без гостей, без господства идей.
Не сбылось, не смечталось, эта осень-служанка
пришла убирать запоздалые листья
и тебя увела за собой.

It's Autumn

To the memory of P.E.

"It's autumn,"
      I write, and a boat without sails
arhythmically scrapes at my heart —
as long as it can.
All the cards have been played, and the hand-made rock fountains,
labor of my mother's hands,
that gave us something to hold onto in this tiny world.
Triangular beetles, like firemen, blaze up
on the road to the house,
but was it really our house or merely on borrowed time
without guests, without any guiding ideas.
It didn't work out, dreams faded, and now autumn-maid's
come to clean up the last leaves
and take you away.

Черёмуха

Износились твои шестерёнки,
                                    черёмуха,
осыпается по ветру
вышивание крестиком.
Что глядишь, Мельпомена,
сквозь дощатые прорези?
Вот и кончилось время
                        единичной трагедии —
девы больше не девственны,
волки больше не серы.

Chokecherry

Your gears have worn down, chokecherry,
their cross-stitch embroidery's
blowing in the wind.
Oh, Melpomene, why are you peering
through the slats?
Yes, the time of individual tragedy
                          is finished—
virgins no longer virginal,
wolves no longer grey.

Если бы мы были цыгане

Я всего лишь парус,
тонка парусина — рвётся.
Никого на палубе,
никого за штурвалом.

Если бы мы были цыгане
со свистульками,
алым подолом,
мы бы гуляли табором (разве двое не табор?)

Он шрам бы носил и оспины,
она бы была женою.

Но цыгане сгорели в печах,
в нас не оставили крови.
Их ножи переплавили.
Их волосы развеяли по ветру.

Я, ромалэ, лишь парус —
никого на палубе.
Никого за штурвалом.

If We Were Gypsies

I'm only a sail,
the canvas is thin — it rips.
No one on the deck,
no one at the helm.

If we were gypsies,
with our whistles
and scarlet hems
we'd travel in a pack (can't two make a pack?)

He'd sport a scar and pockmarks,
she'd be his wife.

But the gypsies went up in smoke,
not leaving us their blood.
Their knives were melted down.
Their hair scattered to the four winds.

I'm a Rom, just a sail —
no one on the deck
no one at the helm.

Мой корабль

Мой корабль никуда не идёт.
Птица не плачет в кустах.
Мой обет никому не дан.
Мой корабль.

Мой Версаль как бумага горит.
И горит тот, кто заперт внутри.
И Творца нет, дворец отворить.
Нет ключа.

Ни вблизи, ни вдали — никогда.
Эта птица не плачет в кустах.
Ни о ком, кто бы тенью ни стал.
Нет тебя.

Ни в любви, ни в лучах, ни в скорбях.
Под звездою, что не говорит.
Будто вовсе немая звезда.
Мой корабль.

My Ship

My ship sails nowhere.
No bird cries in the bushes.
No one's been given my vow.
My ship.

My Versailles burns like paper.
As does he who's locked inside it.
There's no Creator to open the palace.
No key.

Neither close nor far — nowhere.
That bird does cry in the bushes.
About no one, no matter what shade he became.
You're not here.

Not in love, not in rays not in pain.
Beneath the silent star.
A seemingly mute star.
My ship.

Апокрифическое

Когда вдруг вспомнишь о моём существовании,
сравни два камня — булыжник и алмаз.
Потом возьми вина, пусть сомилье
откроет погреба, другое, в ближайшей лавке
спроси на сдачу.
Ночь проведи в горах, раскланиваясь
с парой пожилых канадцев,
ещё одну — где случай подвернётся,
наутро у хозяина займи пилу
и распили живое дерево на части.
Так ощутишь присутствие моё.

Apocryphal

When you unexpectedly recall my existence,
compare two rocks — a diamond and a cobblestone.
Then get some wine, ask a sommelier
to open his cellar, and grab another bottle
at random from the local store.
Spend one night in the mountains, exchanging bows
with a pair of old Canadians,
and the next one wherever you find yourself.
In the morning borrow a saw from your host
and cut a living tree into pieces.
That's how you'll sense my presence.

Средь хаоса вещей

Остался пепел от всего,
что билось и рвалось,
но я приду к тебе на стук последний,
и может быть, ты на краю, в отчаянии,
поймёшь,
как нелегко
давалось мне горенье.

Прости,
что мы звезду себе не выбираем.
Но что мы знаем о цветах и тайнах,
о сумерках, где птицы связки рвут?

И если ты меня переживёшь,
а это труд —
просто жить,
не говоря о большем,
средь хаоса вещей
найдёшь мой почерк: мой плащ грибной,
мой сломанный каблук.

Amidst the Chaos of Things

Of everything that struggled and thrashed
only the ash remains.
But I will come to you at the stroke of midnight,
and perhaps, at the last moment, in despair,
you'll understand
how hard it was for me to mourn.

Forgive me.
We aren't choosing ourselves a star.
But what do we know about colors and secrets,
or about the twilight where birds stretch their sinews?

If you outlive me,
and just living
is hard work,
forgetting anything more,
amidst the chaos of things
you'll find my handwriting, my mushrooming cloak,
and a shoe's broken heel.

Сад шрамов и шипов

Уходят ветви вдоль лица,
ложатся дни календаря,
пойдём, я отворю гвоздём
тебе сад шрамов и рубцов.

Я покажу тебе поля
жалящих бабочек и пчёл,
горящих маков под сосцом
и ягод полных ржавых стрел.

Вот дуб, но содрана кора.
Вот человек, он плачет вверх.
Как хочется сказать «прощай»,
а получается «терпеть».

Здесь я живу, здесь спят со мной
любовники, купив билет,
как на просмотр в кинозал
чувствительных
документальных лент.

Здесь став от рвоты мозговой
податливей к любым вещам,
склоняешься, как над больной,
над пуговицей от плаща.

The Garden of Scars and Thorns

Branches brush across my face
Calendar leaves turn one by one;
Let's go, with a nail I'll open
a garden made of scars and cuts.

I'll show you fields ablaze
with poppies under nipples,
with stinging butterflies and bees
and rusty arrows piercing fruits

Here's an oak, its bark stripped off,
a man who's wailing to the skies.
I only want to say "goodbye,"
"Endure" is what comes out.

It's here I live, and here
my lovers sleep with me,
purchasing tickets as for
a screening
of sentimental documentary films.

Kept rooted here by seizures,
to all phenomena attuned,
you lean above the button of a coat
as if above an ailing man.

* * *

Возможно, время и меня смирило (смерило)
рубашкой,
я обращаюсь к ученикам, которых нет,
что женщиною быть
не так и скверно, как кажется первоначально.
Возьмите, например, глаза —
их можно смело чёрным обводить,
или, напротив, бёдра,
их Рубенс рисовал и Караваджо,
а если кровь всегда течёт по ним —
факт, биология, вам каждый лекарь скажет.
Но с чем я не согласна до конца,
так с неизбежностью однажды стать травой,
не той под небом Умбрии ночной, а этой,
мандельштамовской и страшной.

* * *

Perhaps time has finally mellowed (measured) me
for a jacket,
now, straight out, I tell nonexistent acolytes
that being a woman
is not as nasty as it seems at first blush.
Take eyes, for example —
you can go ahead and outline them boldly in black,
or thighs, by contrast,
drawn by Rubens and Caravaggio,
and if blood constantly flows down them —
that's just a biological fact any doc will confirm.
But I simply refuse to accept
the certainty that one day I'll turn to grass,
not the kind that grows under the Umbrian night sky,
but Mandelstamian, terrifying.

Тайга

За окнами темнеет море
и постепенно становится тайгой
бессмысленной, бесповоротной.
Пройдя сквозь непроходимый строй,
ты ежишься, подобно арестанту,
свой узелок прижав к груди рукой,
ещё невинно улыбаясь солнцу.
Жизнь велика, тебе всего-то надо
пробить тоннель в одном из полушарий,
чтобы свободу обрести в другом.
Однако не забудь — тайга кругом.

Taiga

The sea darkens outside
and gradually becomes the taiga,
irrational, trackless.
Having run the impassible gauntlet
you shrug your shoulders, like a prisoner,
holding your bundle to your chest with one hand,
still smiling innocently at the sun.
Life is enormous, you only have
to drill a tunnel through one of the hemispheres
to discover freedom in the other.
But never forget — there's taiga all around.

Копает небо армия солдат

Копает небо армия солдат
до синевы, до сути.
Качаются лохмотья в такт.
Солдатам холодно. Им вновь войну сулят
и овода под грудью.
Обходит кухня полевая стороной
их котелки — «вам ничего».
Перловка тем, чей слышен хрип,
мясо — живым.
И почта кухне вторит.
Вот врач: повязка на рукав.
А с ним не спорят.
Уже коров погнали за овраг,
уже толпятся женщины у моря,
и женщины молчат — не воют,
и небо приземлённое никак
не заблестит лазурной синевою.

An Army of Soldiers Is Digging Out Heaven

An army of soldiers is digging out heaven
to its deepest blue essence,
their rags moving in rhythm.
The soldiers are cold. Again they've been promised war
and a wasp in their bosom.
The field kitchen ignores
their bowls — "nothing for you."
Barley for the wheezers
meat for the living.
And the mail echoes the kitchen.
Here's a doc: armband on his sleeve.
No arguing with him.
The cattle have already been driven beyond the ravine,
the women are piling up near the sea,
the women are silent — they don't howl,
and the low-hanging sky doesn't
gleam bright blue.

Уроки немецкого

Я учу немецкий, медленно, по слогам.
Я не гроссмейстер, и черно-белые кони не даются мне.
Дорогая, это стихотворение можно оставить, как есть.
И я оставляю, как есть, это стихотворение.

Я онемела в жесте, как тополь на краю села.
Комиссару с расстояния не расстрелять.
Если бы я была женщиной, а я была —
приходили бы насиловать до утра.

Комиссарам сходят с рук женщины и наган.
Если кровь-моя-фрау поворотится вспять,
я заставлю ноги ещё любить,
по которым в землю она текла.

German Lessons

I'm learning German, slowly, a syllable at a time.
I'm no grandmaster, and the black and white knights give me trouble.
You can leave this poem as it is, my dear
and I will also leave it as it is.

My gesture's frozen like a poplar at the garden's edge.
A commissar can't kill from a distance.
Were I a woman, and I was one once —
They'd come to rape me all night.

Commissars make short work of women and guns.
If my blood-frau were to flow backward
I'd force her to love the legs
Down which she gushed into the earth.

Поезд на Альпы

Усталость. Поезд на Альпы.
Немецкая речь.
Где мы? Что делаем здесь?
Впервые мой поезд без места.

Подняв воротник у пальто,
в неведомой дрёме
роняя висок,
я плоть протыкаю.

За что? За какие идеи?
И кто мне оружие подбросил?
Как пишется «не»,
отдельно ли слитно с глаголом?
Мой синтаксис рвётся.

Кондуктор штампует билет
и шепчет
Der Krieg. Вы вечно славяне
артикль неверный берёте.

A Train to the Alps

Exhaustion. A train to the Alps.
Sounds of German.
Where are we? What are we doing here?
For the first time my train is placeless.

Pulling up my coat collar,
in an incomprehensible slumber,
head hanging down,
I pierce my flesh.

Why? What for?
And who gave me the weapon?
How can you write "no"
without a verb attached?
My syntax is breaking apart.

The conductor stamps my ticket
and whispers
Der Krieg. You Slavs always
the wrong article use.

Я вижу закат —
предел равнодушья.
Столбы и столбы верстовые.
И я успеваю подумать,
как просто
уметь убивать.

I see the sunset.
Maximum indifference.
Milepost after milepost.
And I manage to think
how simple it is
to know how to kill.

Сирень догорела

Сирень догорела, и мы догораем,
и падаем в землю
горстями.
Уже не шепча, не желая,
не помня отчаяния.

Не тех вырывает с корнями твой бог,
как глину в гончарной
он вдрызг разбивает
свободных и смелых.

Мне в дом не вернуться. Здесь в каждом
осколке от зеркала
свой маленький фюрер
петлю мастерит для столба для фонарного,
фальшивая Ева
её на руках как младенца качает.

The Lilac's Burned Up

The lilac's burned up and we burn as well,
falling in clumps
to the ground.
We don't whisper anymore, or desire,
don't remember despair.

Those aren't the ones your god destroys;
like plates at the potter's,
he smashes
the free and the brave.

I can't go home again. Here in every
shard of mirror glass
there's a little Fuhrer
making a noose for each street light pole
and a false Eve
rocks them in her arms like a baby.

Страницы зимы

Вот, смотри, птицы танцуют
на белых страницах зимы,
цесарки тяжёлые и глухари,
из последних сил,
из-под ружья,

и судьба, как лыжник,
неумолимо бежит вперед,
и свитер вспыхивает меж стволов.

Лыжня, лыжня,
обогнула землю, и нет жилья
ни крупицы,
и уже смеркается, и звёзды уже хрустят,
словно пыль, набиваясь в рот.

И упасть нельзя, отдохнуть,
и глаза зажмурить — нельзя,
потому что, тот, кто сомкнёт глаза,
даст волю ружью
и птиц танцующих не спасёт.
И страницы не перевернуть.

Pages of Winter

Take a look, birds are dancing
on winter's white pages.
The heavy guinea fowl and the grouse,
putting everything into it
under the barrel of a gun,

and fate, like a skier,
rushes ahead inexorably,
his sweater flashing between the trunks.

A ski, a ski
has belted the earth, and there's no shelter
not a bit,
it's already twilight and the stars crunch
like grains of sand in your teeth.

And you can't fall down, can't rest,
can't even squint,
because if you close your eyes
you give the guns a chance,
you won't save the dancing birds.
And you won't turn the pages.

Сегодня

Вот и сегодня старалась написать
о самом важном — громадном солнце,
заходящем за фабричные трубы.
О преступлениях целой нации.
И о выгнутом горле садовой птицы,
совершающей каждодневный подвиг во время распрей.
Но в мозгу только строчка Елены Шварц,
что сердце, как боксёрская груша,
избиваемая изнутри.

*Елена Шварц — русская поэтесса (1948–2010)

Today

So today I tried to write again
about the most important things — the enormous sun
rising beyond the smokestacks.
The crimes of the entire nation.
And the twisted throat of a songbird
accomplishing its daily heroics during an argument.
But I couldn't get a line by Elena Shvarts out of my head:
the heart is like a punching bag,
pounded from the inside.

Elena Shvarts — Russian Poet (1948–2010)

Бывают дни

Бывают дни, когда в тумане лес горит.
Когда не знаешь, куда деть собственное тело.
И руки велики, и волосы бы сбрить
до синевы, до вены.

Не окликай, я не хочу смотреть в твоё лицо —
бьют со спины преступник и Всевышний.
И лес сгорит, и будут души тлеть,
кричать во сне, чтобы им дали умереть —

их не услышат.

И будут души тлеть, и среди них одна
запутается, словно вьюн в ограде —
и под землёй всё те же города
и те же страны.

Some Days

Some days the forests burn in fog.
You've no idea what to do with your body.
Your arms too long, you want to shave your head,
down to the bluish skin, down to the very veins.

Don't yell, I do not want to look you in the face —
A criminal and the Eternal One have ambushed me.
A day will come when forests burn and souls will rot,
asking for death, and screaming in their sleep —

no one will listen.

And souls will rot, but then amidst them all
one will rise up, like morning glory in a flowerbed —
and underground the cities
and the countries all the same.

Голосом Каллас

Оборвано. До аккорда.
Расстались. Распались, как половины плода:
на мякоть и косточку.
Один лишь выстрел. Самоубийственный.
Порох сажает ожоги, как розы садовник.
Прощай надолго.
Мы разлетелись на миллионы атомов.

Мария Каллас:
«Ари, мой голос упавший ты будешь слышать повсюду,
он станет звучать во сне, лишит рассудка, заставит сдаться,
потому что умеет брать любые крепости».

Мой голос, тебе он мешал, не так ли?
Не ты ли сказал: «Дорогая, поэзия — неполноценна.
Мне нужна женщина —
плоть от плоти, кость от кости земная, моё подобие».
Конец связи.

Мария Каллас:
«Ты не верил, что я могла умереть от любви.
Знай же — я умерла.
Мир оглох. Голос не перенёс
низости твоей пощёчины.
Но боги Греции, он отомстит за меня».

In the Voice of Callas

Cut off. Before the final chord.
We've parted. Separated like a ripe fruit:
flesh from stone.
Just a single shot. Suicidal.
Gunpowder plants burn, like a gardener roses.
Farewell for a long time.
We've fissioned into a million atoms.

Maria Callas:
"Ari, you'll hear my broken voice everywhere,
it will sound in your sleep, drive you crazy, force you to surrender,
because it can conquer any fortress."

My voice somehow bothered you, didn't it?
Didn't you once say: "Poetry, my dear, is not enough.
I need a woman —
flesh of my flesh, bone of my bone, just like me."
End of the affair.

Maria Callas:
"You never believed that I could die of love.
Well you need to know — I did.
The world's gone deaf. My voice could not survive
the meanness of your slap.
But the Greek gods will avenge me."

Мария, всё повторимо. В парижской квартире
ли, в русской провинции.
Матери отрекаются, не то что — любовники.
Зачем им подлинники, зачем богини — им,
когда есть копии из ребра.

Maria, everything can be repeated. In a Paris apartment
or in the Russian provinces.
Mothers give up their children, to say nothing of lovers.
Why do they need originals, or goddesses
when they can make a copy from their ribs?

Дом Доры Маар

Дом Доры Маар. Вот мотоцикл её,
покрытый пылью. Её судьба.
Читаю биографию в полуподвале цоколя:
«Поэт, фотограф, живописец . . . навек в историю вошла
благодаря Пикассо . . .»
Здесь стены прорастают былью. Их трогаю.
В моей судьбе Пикассо не было, и даже четверти его.
Но, проезжая жёлтые поля в закрытом,
словно скорлупа, автомобиле,
я вижу женщину как собственную копию.

The House of Dora Maar

The house of Dora Maar. Here's her motorcycle,
covered with dust. Her fate.
I read her biography in the half basement:
"Poet, photographer, painter . . . a historical figure
thanks to Picasso . . ."
The past swathes the walls here. I touch them.
Picasso was not in my fate, not even a piece.
But, driving by the yellow fields
encased in the carapace of a closed car,
I see that woman as if I was her copy.

Поэзия

Он мне сказал: «если бы не твоя поэзия»,
заглядывая в зубы, словно ярмарочной кобыле.
Кобыла должна плодоносить, а не сыпать
синкопами. Я ничего не сказала ему на это.

Пройдут годы, я — живая, резкая, страстная, готовая
отдавать всё и сразу, не умевшая жить, прошедшая
путь от крика до онемения, исчезну. Поэзия, как синяя птица,
— лучшее, что с человеком может случиться.

Poetry

He said to me: "if it weren't for your poetry,"
while looking at my teeth like a horse's at the bazaar.
A mare should give birth and not sprinkle
syncopations. I didn't reply.

The years will pass, and I — vivacious, quick, passionate, ready
to give up everything and anything, unable to live properly, having walked
the path from shouting to silence, will disappear. Poetry's like a bluebird,
the best thing that could happen to anyone.

Отрывок

Теперь, когда я ничего не жду,
сошедши с рельс,
как августовский поезд,
но от паденья яблока в саду
ещё болезнь, и каждый мускул
сводит —

звезда моя,
ты коллапсируешь в неистовом огне,
прожив со мной без вспышки, без горенья.
И отчего-то в муках светишь мне,
как будто есть в прощании —
прощенье.

Excerpt

Now, having gone off the rails
like an August train,
no longer waiting for anything,
but from every falling apple in the orchard
I'm still ill and every muscle's
cramping —

my star,
you're collapsing into voracious fires,
having lived with me without explosions or burning.
And for some reason you light up my sufferings,
as if parting
pardons.

Дождь

Дождь шёл весь день.
Стучали капли по железным скамейкам,
и мне вспомнился Чехов на каком-то старинном диване,
больной.
Я не вставала тот долгий день с постели.
От снотворного отяжелевшая, словно облако.
Мне казалось, что существует всему предел.
Но любовь прошла, даже тоска отступила,
словно шакалка, предчувствуя и скуля.
Ровным счётом ничего не осталось — комната.
Дождь поливал, пока не стемнело.
И вдруг я порезалась гудками ночного поезда
и заплакала.
Оттого, что словами нельзя.

Rain

The rain came down all day.
The drops clattered against the iron benches
and Chekhov, ill, sitting on some sort of old-fashioned sofa,
came to mind.
That long day I never got out of bed.
I felt weighed down by the sleeping pill, like a cloud.
There's a limit to everything, it seemed to me.
But love passed and even yearning faded,
like a jackal baring her teeth in anticipation.
In sum, nothing remained — just my room.
The rain poured down until it got dark.
And suddenly the whistle of a night train slashed through me
and I started to cry.
Because words can't say it.

Поезда

Хорошо, что есть поезда.
С провожающими в поношенных пиджаках,
со стоптанными каблуками.
Зелёные и малиновые серпантины.
Вы можете на них уехать
куда-нибудь, мой друг, куда-нибудь.
Чтобы не думать о полой чаше, о чёрной пашне.
Повернуться на полке ко всем затылком.
К продавщице картофеля на дождливой станции,
к священнику с вечной жизнью.
Или, если у вас нет билета,
вдохнуть пропахшие смолою шпалы,
не покидая сада
гортензий и белых лилий.
Лёжа в постели, послушать гудок электровоза,
ухающих, словно ночные совы, цистерн,
залитых нефтью.
Вы можете куда-нибудь да уехать.

Trains

It's good that there are trains.
With conductors in fraying jackets
and worn heels.
Green and raspberry streamers.
You can go away somewhere on them,
my friend, somewhere.
To avoid thinking about an empty glass or a ploughed field.
On your bunk you can turn your back on everyone.
The lady selling potatoes at the rainy station,
the priest peddling eternal life.
Or, if you have no ticket,
you can breathe in the piny smell of the ties,
without leaving the beds
of hortensia and white lilies.
Lying in your bed, you can hear the train whistle,
and the night-owl moaning
of the oil-filled tank cars.
And you really could go somewhere.

Иди

Не оборачивайся, иди. Нет больше прошлого.
Ни поражение в битве, ни яркое море
с вёсельной лодкой и одинокой фигуркой
в весёлых брызгах
не могут прервать ледяной молитвы
пустого пространства. Без таинств.
Женское ли, мужское — ничто не трогает
и не сбивает в пути дыхания.
Мы столько уже пережили, что не осталось капли.
Беженцы и солдаты, шагаем по развороченной
круглой земле, с глазами,
которые знают только одно — идти.

Go

Don't look back, just go. The past is done.
Neither defeat in battle, nor the brilliant sea
with a rowboat and a lone figure
in the rowdy spray
can interrupt the icy prayer
of empty space. Shorn of secrets.
Neither the feminine nor the masculine — nothing can touch
or nudge us back into synchrony.
We lived through so much that not a drop remains.
Refugees and soldiers, we march over the ploughed up
rounded earth, our eyes
knowing one thing only — go.

* * *

Это последний край.
Не говори о нём.
Синим горит ирга.
Чёрен на ней налёт.

Дальше твой самолёт
не полетит — пилот
голову уронил
и заглушил мотор.

Не покупай билет,
поезд сойдёт с моста,
это прощальный рейс,
сколько на кон ни ставь.

Лаек не запрягай
в сани, в звенящий бег,
лёгкой земли, куда
лайки помчали, нет.

Вот ты стоишь в саду,
белый бидон в руках.
Белый — молчанья цвет.
Следом за ним века.

* * *

It's the end of the earth.
Don't speak about it.
The serviceberry burns blue
and black flocks descend.

Your flight's at an end,
the pilot
hung his head
and turned off the engine.

Don't buy a ticket,
the train will jump the tracks,
it's the last trip
no matter how much you stake on this hand.

Don't hitch the dogs
to the sleigh,
for the light land
to which they raced is gone.

Now you're standing in the garden
carrying a white pail.
White — the color of silence.
The ages follow in its wake.

Где нет земли

Уехать куда-нибудь,
где нет земли,
где рыбы ватные плывут,
разинув рты,
чтобы сказать, что боль была
вначале слова и воды.

В глазницы им продета нить
бесконечности судьбы,
и от кружения они
сходят медлительно с ума.

Знак бесконечности — петля.
Ни сна, ни смерти, ни блесны.
Но неизбывность плавника.

Так морфинист, наполнив шприц
и наспех закатав рукав,
одним пристрастием горит —
упасть, не ощущая дна.

Where There's No Land

Oh, to go where
there's no land,
where cotton fish float
mouths agape,
to say that there was pain
before words and water.

Infinite fate
is threaded through their eyes,
and as they turn
they slowly go insane.

The symbol of infinity — a noose.
Neither sleep, nor death, nor lures.
but indestructible fins.

To be like a drug addict, burning with desire
who fills his syringe
and quickly rolls his sleeve up,
to sink down into the endless depths.

Война в тебе и во мне

Война в тебе и во мне. Гражданская.
Повсюду — она.
Я устала. Почитай мне сказку,
сними чулки с левой ноги и с правой,
приляг со мной на диване
гостиницы безымянной,
тихо и девственно, без всякого
намёка на гендер. Покуда русские
пыряют друг друга ножами.
Пока солдатики топчут груди женские
по тюрьмам и по подвалам.
Танки идут не быстро, танки идут в колоннах,
давай побудем женой и мужем,
которым слова излишни,
возьми мой голос, как скрипку,
вложи в свой футляр из кожи.

War in You and in Me

War in you and in me. Civil war.
All-encompassing.
I'm tired. Read me a story,
take the stockings off your right and left feet
and lie down on the sofa with me,
quiet and virginal
without a hint of gender,
in the nameless living room. While the Russians
stick each other with knives.
While soldiers stomp on women's breasts
in prisons and cellars.
Tanks move slowly, tanks move in columns.
Let's be husband and wife,
with no need for words,
take my voice like a violin
and put it in its leather case.

«Доброе утро, фюрер! — мы есть народ твой!
Пригни нас лицом к асфальту,
вбей в спины кремлёвские звёзды,
мы объявлены
новым
     дегенеративным
               классом.»

Фашизм и Россия — история.

Сожми мне до боли ребра — не отпускай никуда,
даже к матери, не говоря о большем.
Просто пригладь мне волосы.

"Good morning, Führer! — we are your people!
Shove our faces into the asphalt,
pierce our backs with the Kremlin's stars,
we've been declared
the new
      class
          of degenerates."

Fascism and Russia — a long story.

Hold me so tight I can't breathe — don't let me go anywhere,
not even to my mother, to say nothing of anywhere else.
Just stroke my hair.

Иногда

Иногда я просыпаюсь от мысли,
что не хочу прожить свой день.
Просто остаться в постели и не надевать его,
как обручальное кольцо на палец.
Но потом умываю руки, достаю бельё
и иду выполнять работу.
И это всё.

Sometimes

Sometimes I wake up with the thought
that I don't want to live through the day.
Just stay in bed and not put it on,
like the wedding ring on my finger.
But then I wash my hands, find my clothes,
and go do my job.
And that's it.

Элегия цветущих слив

Это не мой дом. И немой сад.
Ты стоишь у ворот,
потому что искал меня.

Я сливы любила в нём,
если была весна.
И если осень была
до самых тонких волокон.

Ты пришёл их срубить —
чтобы вытравить яд
воспоминания,
что же, развейся прах!

А за твоим плечом
краска с икон сошла.
Не Богородица —
дама небытия.

Поздно кричать «Рублёв»!
Мастер как мотылёк.
Вот она, казнь твоя
или твоя жена.

Elegy for Blooming Plum Trees

This is not my house. Nor my garden.
You stand by the door
because you were searching for me.

I loved the plums here,
if it was spring.
And if it was fall,
the thinnest threads.

You came to cut them down —
to leach the poison
of memories,
go ahead, scatter the dust!

But behind your back
the icon's paint has peeled.
Not the Mother of God —
but a woman of nonexistence.

It's too late to scream "Rublev"!
A master artist like a moth.
There she is, your punishment,
or your wife perhaps.

Будешь расти к земле.
Бледную вспомнишь мать.
В каждой раздаче червь.
Бросишь колоду карт.

Нет больше слив в саду.
Мне всё одно — я снег.
Мёртвой или живой
я на тебя паду.

You'll grow into the earth.
Recall your pale mother.
A worm in every deal.
You'll throw away the deck of cards.

In the garden, no more plums.
I don't care — I'm snow.
Dead or alive
I'll fall on you.

Цветок отчаяния

Нет. Лучше молчание.
Цветок отчаяния на губах.
Не печалься,
хотя бы раз
каждому
выпадает
тропинка к дому,
занесённому тишиной.

Мы вернёмся
ненадолго.
Дождь ударит о подоконник,
и два мака
воспоминаний
вздрогнут
в прозрачных каплях.

Столько света.
Загорятся потухшие лампы,
и никто за столом
не признает, где живые,
где мёртвые.

Flower of Despair

No. Better silence.
On your lips, the flower of despair.
Don't grieve!
One time at least
everyone's
fated
to take the path to the house
blanketed in silence.

We won't be back
for long.
Rain drums on the sill
and two remembrance
poppies
shudder
in the transparent drops.

So much light.
The burned-out lamps will spring to life
and no one at the table
will know where are the living
and where the dead.

Нам отпущен
единственный день —
повидаться.
Так откроем шампанское.
Все уходят,
журавли смотрят в небо,
блекнет наш циферблат.

Куст желаний,
оборвал ветер ленточки,
и с тех пор
не страшна
темнота надо мной.

Пусть моё отражение
в глазах твоих остаётся,
иероглиф,
покуда совсем не исчезнет.

We're vouchsafed
a single day
to see each other.
So let's pop the champagne.
Everyone's leaving,
the cranes look to the sky,
our clock face fades.

A wisp of wind broke off
the hedge of desires
and ever since
I don't fear
the darkness above.

Let my reflection
remain in your eyes,
like a hieroglyphic,
until it fades away.

Кое-что о Ван Гоге

Может быть, ты теперь берёшь лошадей под уздцы.
Может быть, с кем-то, не погасив света.
Где ещё столько свободы, как ни в слове «бедность?»
Я даже не знаю, верлибр ли это или дневник.

За всю жизнь я полюбила только одну женщину,
недочерней любовью. Есть во рту движение,
которое не опишешь, оно, скорее, некрасиво
как любая судорога. Когда из рук выпадает грифель.

Не в том дело, что больше мне не грозят
ни шестнадцать, ни даже тридцать.
Но что-то задето. Написана книга холода —
ровная, как скамья подсудимого.

Говорят, когда умирал Ван Гог, его последними
словами были «печаль будет длиться вечно».
Такого достоин любой эпиграф.
У вечного свои законы.

A Few Words about Van Gogh

Right now perhaps you're holding a horse by the bridle.
Perhaps you're with someone, the lights still on.
Is there any more freedom than in the word dearth?
I don't even know whether this is a poem or a diary.

In my whole life I only loved one woman
with nonfilial love. Inside my mouth there's an
indescribable movement, most likely unattractive,
like any spasm. When the pencil falls from your hands.

It's not that I'll never see
sixteen again, nor even thirty.
But something's been breached. The book of coldness written
smoothly, like the defendent's bench.

When Van Gogh was dying, his last
words were said to be "sorrow will last forever."
That could be anyone's epitaph.
The eternal has its own laws.

Соловьи ночные

Мокрые соловьи,
ночные,
качает ливень
ваши певчие колыбели,
скоро вы отшумите,
и станет тихо,
совсем как во дни творения.
И эта внезапная вспышка света
с тобою
ещё красивой и нервной,
случайно ожегшей кожу.
И ты обернёшься: «Не больно?»
И я обернусь: «Не больно.»

Evening Nightingales

Drenched evening
nightingales,
the rainstorm rocks
your melodic cradles,
you'll soon quiet down
and all will be silent
as it was on the first days of creation.
Then that unexpected flash of light
with you
even more beautiful and agitated,
will accidentally scorch my skin.
And you'll turn to me: "does it hurt?"
And I to you: "no, it doesn't."

Зеркало

Я шла вперёд, дороги не было иной.
Нас с прошлым разделяли двери:
                    старела мать,
и дерево сгорело, и что-то там ещё
в груди больной.
Шла нищенка повсюду следом
с огромным животом, как шар земной,
и денег не брала, и песнь не пела.
Любовник ли бессменный
как труженик клонился над наделом,
бессонницей ль звенело тело —
мелькал пробор, укрытый сединой.
Её присутствию не было предела.
У зеркала спросила я:
«что хочешь ты, ничтожная?»
и била зеркало за то, что было мной.
Но в каждом из подробнейших осколков
она жила и сквозь меня глядела.

The Mirror

I walked ahead, there was no other path.
Doors cut us off from the past:
                    mama was aging,
the tree burned up, and something was wrong
with the sick man's chest.
Everywhere I went a beggar woman followed,
with a belly bloated like a globe,
but she didn't ask for cash or to sing a song.
Like some kind of irreplaceable lover,
a worker bending over a job,
or perhaps a body wracked with insomnia —
her hair gone gray at the part line.
She was everywhere at once.
I asked the mirror:
"what do you want, you worthless thing?"
and smashed the glass because I was inside it.
But still she lived in every tiny shard,
and looked right through me.

* * *

Если бы ты меня услышал:
как твоя жена стоит у холма,
как мать моя стоит у холма
с двумя цветами в руке.

Некрасивы стали мои глаза,
а её глаза не узнать.

Ты не мог ни уйти, ни предать.
Это клюнула смерть-сарацин,
отлетела как тень — налегке
и смешалась с подобием птиц.

И ни там, и ни здесь, и нигде
ни над кем не свершится суда.
И стоит чья-то мать вдалеке,
и жена всё стоит у холма.

* * *

If you'd only listened to me:
your wife is standing by the hill
your mother's standing by the hill,
two flowers in her hands.

My eyes have lost their luster,
while hers became unrecognizable.

You could neither leave nor betray.
The death-Saracen pecked
and flew off like a shadow — unburdened,
and mixed with something like birds.

And judgement's not pronounced on anyone,
not here, nor there, nor anywhere at all.
And someone's mother's standing far away,
while his wife keeps standing by the hill.

Песнь шумера

Слушая песню
шумерскую
я вижу только пустыни
и погребальный пепел

Плакальщик у заката солнца
в простой одежде.
Змеи ночные
тело его обвивают,
чтобы спасти от холода.
Поверь мне
это прекрасно.

Он знает, что мы устали.
Что наши глаза готовы
смешаться
с песком и ветром.

И солнце насквозь проходит,
и просит немного света
для нас, поглощённых мглою.

A Sumerian's Song

Listening to a Sumerian
song
I see only a desert
and funeral ashes.

A mourner at sunset
wearing everyday clothes.
Evening snakes
wind around his body,
to protect him from the cold.
Believe me,
it's magnificent.

He knows we're tired.
That our eyelids are ready
to stick together
from the sand and wind.

While a ray of sun pierces through,
and it asks for a bit of light
for those of us engulfed in fog.

* * *

Оставь сердце биться, словно мошку в осенней лампе,
или света не зажигай.
Виноградные гроздья замёрзли, и сломились колосья,
бледный лайнер крадётся вдоль стены голубой,
то ли чайка склонится над снастью —
ничего мне не снится, кроме смерти
в привычных вещах. Что над сердцем горит, как лампада.

* * *

Let your heart beat like a gnat in an autumn lamp,
or don't light the bulb.
The grape clusters have frozen and the ears of grain are broken,
the white liner crawls across the blue wall,
or perhaps a gull is dropping toward the fishing tackle —
I don't dream of anything but the death
of things I'm used to. Burning out like a lamp over my heart.

В незнакомой стране

В незнакомой стране
я теперь фрау Р.
С голубыми, как небо, глазами.

Мне бросают открытки
с видом гор
англо-саксы.

Мне бы лечь на больничную койку
и лежать неподвижно
и не год, и не два.

Чтобы в горле
перестала звенеть тетива.
И бельё пахло мылом.

И в назначенный час приходила
с монастырским смирением сестра,
протирать ледяные лопатки.

In an Unknown Country

In an unknown country
I'm now Frau P.
With eyes blue as the sky.

Anglo-Saxons
drop me postcards
with mountain views.

I'd like to lay down on a hospital bed,
lie there immobile
for many years.

Until the bowstring
stops vibrating in my throat.
And my whites smell of soap.

And at a set time a humble nun
would come
and rub my icy shoulder blades.

Чтобы чёрной косынка была
на её волосах,
и морщина легла, если вдруг
надо мной наклонилась.

На молчанье молчаньем ответив,
не спросив ни любви, ни Христа.

She'd have a black braid
in her hair,
and her wrinkles would smooth out
when she bends over me.

She'd answer silence with silence
not asking for love or God.

Гончая

Всю ночь мне снится, будто кровь идёт.
Я вся в крови, как падает густая.
Мои слова, что жизнь не предсказали,
устали говорить.

Как явь чиста, прозрачнее реки.
И камень глух, и холодна бумага.
И ты одна мне простыни меняешь,
не оттолкнув.

Кто виноват, что гончая на нюх
берёт любовь, бежит за ней по следу
и утыкается в рогатину с разбегу.
Кого винить?

The Hound

All night I dreamed I was bleeding.
I was covered in blood, that's how thickly it flowed.
My words, which couldn't divine life's course,
are tired.

How fresh the day is, clearer than a stream.
The rock is deaf, the paper cold.
Alone, you change the sheets,
not pushing me away.

Who is guilty when a hound
picks up the scent of love, chases it down
and slams its body full speed into a spear.
Whose fault is that?

Не жди. Я не вернусь

Не жди. Я не вернусь.
Мой голос превратится в тишину
Величественную.
Её прервать не смеют даже птицы.
Мой волос в земную упадёт кору
и с перегноем там соединится.
Ты в рай хотел? Так ты в раю.
Одна деталь — кругом могилы
как часть пейзажа. Но они добры
и на рассвете не приходят с конвоиром.
Сними свой крест, задай вопрос Ему,
сколь долго от гвоздей гноятся дыры,
и ныне что дают за ночь в Саду?

Don't Wait. I Won't Be Back

Don't wait. I won't be back.
My voice has turned to solemn
silence.
Even birds don't dare to break it.
My hair has fallen to the earth's surface
and rotted into it.
You wanted heaven? Well, you're there.
One detail — graves all 'round,
part of the landscape. But they're good
and don't show up with the guard at dawn.
Take off your cross and ask Him
how long pus oozes from nail holes,
and what's the going rate for a night in the Garden.

Как корабль

Жизнь надломилась, как корабль,
и одна его часть поплыла,
уносимая долгим Гольфстримом,
а вторая — вертикально стоит небесам.

Поначалу огни были с крупный миндаль,
а потом и тусклей, и незримей,
скоро воды сомкнуться над ними.

Всё, что можно, прощай!
Как нуждается в вопле
                — половина.

Жили так, словно не из молекул белка,
но попали под звездами в ливень.
Мы попали под звёздами в ливень
без единого облака.

Like a Ship

Life has broken apart like a ship,
and one half has floated away,
carried off by an endless Gulfstream,
while the other — athwart the heavens.

At first their lights were the size of large almonds,
then they became duller and less visible,
and soon the waters will close over them.

Farewell, to everything possible!
Half of it demands
                    a scream.

We lived as if not made of proteins,
but we were trapped in a rainstorm under the stars.
We were trapped in a rainstorm under the stars
without a single cloud.

Я видела тебя

Я видела тебя в черном платке,
какие носят женщины на востоке.
Твоя голова
стала маленькой,
в ней пылали угли.
«Такая мука», — повторяла ты.
И замолкала.
Вдруг (пауза)
на меня обрушился возраст,
как скала.
Дождь, перемежался
со снегом,
серая птаха, отряхиваясь,
роняла капли апреля.
Вот она, точка противоречий.
Я могла зачерпнуть воды,
но бессильна была погасить болезнь.
Я видела тебя в чёрном платке,
какие носят женщины на востоке.

I Saw You

I saw you in a black dress,
the kind that women wear in the East.
Your head
was tiny,
and coals burned within.
"What awful pain," you kept saying
and then you went silent.
Suddenly (a pause)
age fell on me
like a collapsing cliff.
Rain mixed
with snow,
and a gray bird, shook itself,
shedding drops of April.
There it is, the crux of contradiction.
I could draw water
but couldn't put out the pain.
I saw you in a black dress,
the kind that women wear in the East.

Мы поедем с тобою в Марокко

Мы поедем с тобою в Марокко.
Может быть, там всё по-другому:
горы и море, другие кварталы.
Львы не попадают в капканы,
и зайцы не кричат, как младенцы.
А люди не носят шва от ключицы и до лопатки.
К нам подсядет старуха, «дай погадаю?»
«На счастье?»
Прости, я не знаю таких категорий.
Возьми-ка лучше монету, купи себе
пёстрый платок и шальвары.
И опять пойдём, поплывём, поедем.
А Марокко всё не будет кончаться.
Под густой синевой станем миндальной ветвью.
Это продлит тебе жизнь, значит, мою на время.

Let's Go to Morocco

Let's go to Morocco.
Maybe things are different there:
mountains and seas, other streets.
Lions don't fall into traps,
and hares don't whine like babies.
And people don't have scars from collarbone to shoulder.
An old lady will come up to us: "can I tell your fortune?"
"Predict your future luck."
Sorry, I don't know those categories.
Better take this coin and buy yourself
a bright scarf and some loose pants.
And we will go, sail away, leave.
But still, Morocco will never end.
Under a deep blue sky we'll become like an almond branch.
This will extend your life, and mine as well, at least for a time.

Деревья

Падают тихие листья
падают листья.
Минувшее миновало,
остались деревья.

И память не знает надежды,
не знает пощады.

Мы скоро уедем.
Не спрашивай рейса,
числа и селенья.

Так все уезжают.

Мы сядем все вместе с вещами.
Друг друга обнимем.
«А псы? Как же псы?
Их не пустит ошейник» —

Trees

The quiet leaves fall
leaves fall.
The past's passed,
trees remain.

Memory doesn't know hope,
doesn't know pity.

Soon we'll be leaving.
Don't ask the route,
the date, or the place.

Like everyone else.

We'll sit with our things.
Embrace one another.
"And the dogs? What about the dogs?
Their collars will hold them back" —

они побегут вдогонку за нами,
ни разу не пав на дрожащие лапы.

И дом загорится, нам путь освещая,
его не откроют ногами чужие.

Деревья, деревья,
сплетаясь корнями,
не в силах проститься,
шагнут в этот пламень.

They'll chase after us,
not once dropping onto their shaking paws

And the house will catch fire, lighting our way,
undefiled by other feet.

And the trees, the trees,
their roots entangled,
unable to say goodbye,
will stride off into the flames.

Пасхальное

Кончился дождь.
Бьют колокола вдалеке.
Стоит со свечами толпа,
и подруга моя стоит.
В длинном платье и покровах.
Попроси за меня
стать бессмысленной чайкой,
я скучаю по ним.
Чтобы если не найдёт маяка,
облетев все миры,
белой косточкой, серым пером —
ни души, ни кола, ни двора —
чтобы словно жила-не жила.
Прошепчи, надломи, пригуби,
попроси у Него за меня.

Easter

The rain's passed
Distant bells are ringing.
A crowd stands with candles
and my girlfriend's with them.
In a long dress and veil.
Pray that I
become a thoughtless gull,
I miss them.
Pray that if I don't find my landmark,
having flown round the whole world,
I become a white bone, a grey feather —
without a soul, a pole, a home —
as if I'd never lived.
Whisper, break through, taste,
pray to Him for me.

Звезда

Стихи не помогли.
Звезду на китобойном судне вспороли рыбаки.
И я стою как мальчик за оградой,
как выглядит любовь, чем пахнет,
я на неё смотрю.

Так чем же пахнет стыд и ересь эта?
Его (мои) глаза от ужаса слезятся.
Столь много видели они.

Дождь молод и ему не страшно падать,
с немецкой речью он навеки связан,
не знаю как, не знаю почему.

Моя звезда,
ты истекаешь светом в пол дощатый,
и судорожно дёргаешь лучи.

The Star

Verses didn't help.
The fishermen on the whaler eviscerated the star.
I stand like a little boy behind a fence,
and I watch,
seeing how love looks and smells.

So how do shame and heresy smell?
His (my) eyes tear with terror.
They've seen too much.

Rain is young and not afraid to fall,
linked forever to the sound of German,
how or why I do not know.

My star,
you're throwing light onto the parquet floor,
your rays shaking spasmodically.

Пустые комнаты. Изломанный букет

Пустые комнаты. Изломанный букет
шевелит пальцами беспомощных побегов.
Ключи в замке перебирает беглый
восточный ветер,
наметая снег
небытия
к порогу нашему —
заброшенный этюд
седин, и нищеты, и тела,
и выхода из этих комнат нет:
кровь лепестка и проволока стебля.
Слова срываются, слова долой из глаз
строками, ямбами
в слепой костёр бумаги,
но бьётся сердце, полное отваги,
что и в золе, поверь, отыщет нас.

Empty Rooms. A Broken Bouquet

Empty rooms. A broken bouquet
waves the fingers of hopeless escapes.
A swift east wind
sorts keys in the lock,
pushing the snow
of oblivion
to our threshold —
an unfinished etude
of grey hair, poverty, a body,
and no way out of these rooms:
petal blood and barbed-wire stem.
The words tear themselves out, rush away
in iambs and lines of verse
onto the paper's blind fire,
but a heart full of courage pulses,
and you can be sure it will find us, even in the ashes.

Маку прощальному

Мой мак
одинокий,
воспетый.
Моё повторенье —
прощай!
Ты вырос не там,
твои лепестки
пески обескровят,
и ветер рассеет
их трепет.
В пустыне
такие как ты
не цветут.

Пустыня, пустыня.
Спроси бедуина:
куда мы?
Повязку запомнят глаза.
Куда нас ведут,
бессловесных,
на край ли расстрельный?
Где дом нас отвергнет?
Но как ослепительно солнце
последних минут.

To a Parting Poppy

To a lone
poppy
I sing.
I repeat —
Farewell.
You grew in the wrong place,
sand has exsanguinated
your petals
and the wind blows
away their quavering.
Flowers like you
don't bloom
in the desert.

Oh, desert, desert.
Ask a Bedouin,
where are we going?
Eyes recall their blindfold.
Are they taking us,
the wordless ones,
to an execution site?
Where our very home will reject us?
But still, the sun of our last moments
is truly blinding.

Домой

Во сне я еду домой.
Куда? Где мой дом?
Там, где медленная зола
падает на лицо,
и белым-бело.

Я забыла откуда поезд,
куда идёт,
у кого спросить, сколько лет,
сколько лет мне должно быть?

Машиниста нет, нет проводника.
Поезд жизни —,
некому оторвать билет.

Хрупкость человеческого стекла —
что острее осколков его?
По оголённым рукам,
по голым рукам течёт.

Heading Home

In my dreams I'm heading home.
Where? Where's my home?
It's where the ash
sifts down slowly on my face,
blindingly white.

I've forgotten where the train's from
and where it's going,
whom can I ask, how old,
how old am I now?

No engineer, no conductor.
On the train of life —
no one to take my ticket.

Fragile human glass —
what's sharper than its shards?
It flows across bared arms,
bare hands.

Нет ориентиров, кроме любви твоей.
Облака, облака.
На заброшенном полустанке,
стоишь и ждёшь
одна. Как тень от креста.
Как крест.

Besides your love, nothing to help find my way.
Clouds, clouds.
You stand and wait
at an abandoned station,
alone. Like a cross's shadow.
Like a cross.